aktiv-Heft...
Erde

Malen

Rätseln

Basteln

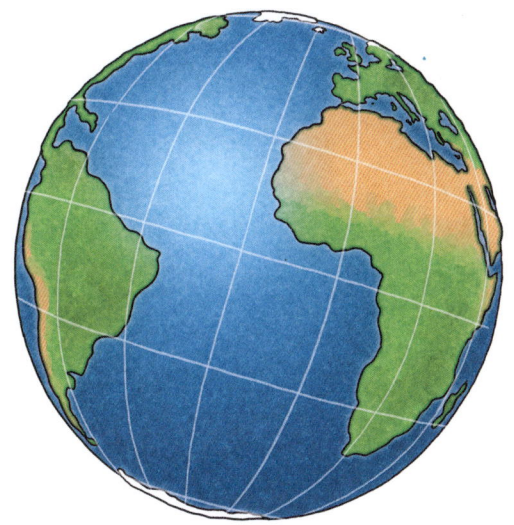

Ravensburger

Wie sieht unsere Erde aus?

Der Erdball besteht aus mehreren Schichten, davon sehen wir nur die oberste. Die Erde ist zum größten Teil mit Wasser bedeckt, das sind die Ozeane. Außerdem gibt es sieben Kontinente: Afrika, Asien, Australien, Europa, Nord- und Südamerika und die Antarktis.

 Was versteckt sich hier?
Male die Felder in den vorgegebenen Farben aus.

Mach mit!

Finde heraus, wie die Erde im Innern aussieht.

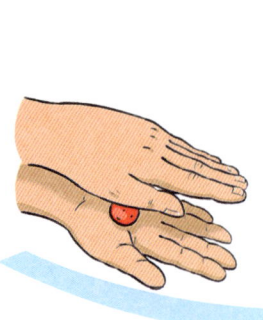

4. Wenn du die Erde dann vorsichtig mit einem Messer teilst, siehst du die verschiedenen Schichten. Lass dir dabei von einem Erwachsenen helfen. Reinigt das Messer danach.

1. Forme aus roter Knete eine kleine Kugel, das ist der innere Kern deiner Erde.

2. Umhülle den Kern mit vier weiteren verschiedenfarbigen Schichten aus Knete.

3. Forme mit grüner Knete Kontinente und drücke sie auf die Kugel. Fertig ist deine Erde aus Knete.

● } Erdkruste (Sie besteht aus Platten,
● } die Kontinente und Ozeane tragen.)

● Oberer Erdmantel

● Unterer Erdmantel

● Äußerer Erdkern

● Innerer Erdkern

Male das Bild fertig aus.

Wieso gibt es Jahreszeiten?

Die Erde braucht ein Jahr, um die Sonne zu umrunden. Je nachdem, wie steil die Sonnenstrahlen auf der Erde auftreffen, ist bei uns Frühling, Sommer, Herbst oder Winter. Deswegen sind die Jahreszeiten nicht überall auf der Erde gleich.

 Welche zwei Dinge gehören jeweils zur selben Jahreszeit? Verbinde sie miteinander.

 Male das Bild aus.

?! Wie viele Schmetterlinge siehst du hier?
Klebe zuerst die fehlenden Sticker ein.

Was passiert unter der Erde?

Nicht nur unser Planet, sondern auch der Boden, in dem Pflanzen wachsen, heißt Erde. Wenn wir unter die Erde schauen, entdecken wir verschiedene Wurzeln, Höhlen und viele Tiere, die dort wohnen. In der Erde gibt es Nahrung für Tiere und Pflanzen.

Mach mit!

Mach dir Samenherzen und pflanze sie ein.

1. Gib Wasser, ungebleichtes Papier und Rote-Beete-Saft in eine Schüssel und lass alles einweichen. Gib dann Blumensamen dazu.

2. Presse das Wasser aus der Masse. Drücke sie anschließend in Ausstechformen, die du sonst zum Plätzchenbacken benutzt. Denk daran, die Formen später zu spülen.

3. Lass alles trocknen und löse die Samenherzen aus der Form. Jetzt sind sie fertig. Du kannst sie verschenken oder im Garten fallenlassen. Dort werden dann Blumen wachsen.

?! Der Maulwurf möchte zu seinen Jungen. Hilf ihm, den Weg durch das Labyrinth zu finden.

Male das Bild fertig aus.

Was sind Wüsten?

Wüsten sind sehr trockene Gebiete, es gibt sie zum Beispiel in Nordafrika oder Australien. Dort leben Pflanzen und Tiere, die mit sehr wenig Wasser auskommen oder es in großen Mengen speichern können. In den meisten Wüsten ist es tagsüber sehr heiß und nachts eisig kalt.

 Welcher Bildausschnitt ist nicht im Ausmalbild rechts zu finden? Streiche ihn durch.

 Was findest du in der Wüste? Fahre die Umrisse mit verschiedenfarbigen Stiften nach.

Male das Bild fertig aus.

Wer lebt in den Polargebieten?

Am Nord- und Südpol ist es immer kalt, beide Pole sind das ganze Jahr über mit Schnee bedeckt. Am Nordpol leben Eisbären, Robben und Walrosse. Auch Menschen wohnen dort, die Inuit. Am Südpol gibt es außer Forschern keine Menschen, aber sehr viele Pinguine.

 Welcher Schatten gehört zum Pinguin? Kreise ihn ein.

 Bastle dir einen Pinguin im Ei.

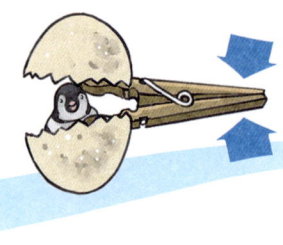

1. Schneide die Bilder vom Ei und vom Pinguin aus dem Bastelbogen aus. Lass dir dabei von einem Erwachsenen helfen.

2. Klebe den Pinguin auf die hintere Fläche der unteren Klammerhälfte. Er muss dich angucken. Verwende dabei Bastelkleber und beachte seine Kennzeichnung.

3. Klebe dann die beiden Ei-Hälften auf die vorderen Flächen der Klammer, so wie hier abgebildet. Achte darauf, dass die obere Ei-Hälfte nur auf der oberen Seite der Klammer klebt und die untere nur auf der unteren. Außerdem sollte das Ei den Pinguin verdecken.

4. Fertig ist dein Pinguin-Ei. Drückst du die Klammer zusammen, öffnet es sich und dein Pinguin schlüpft.

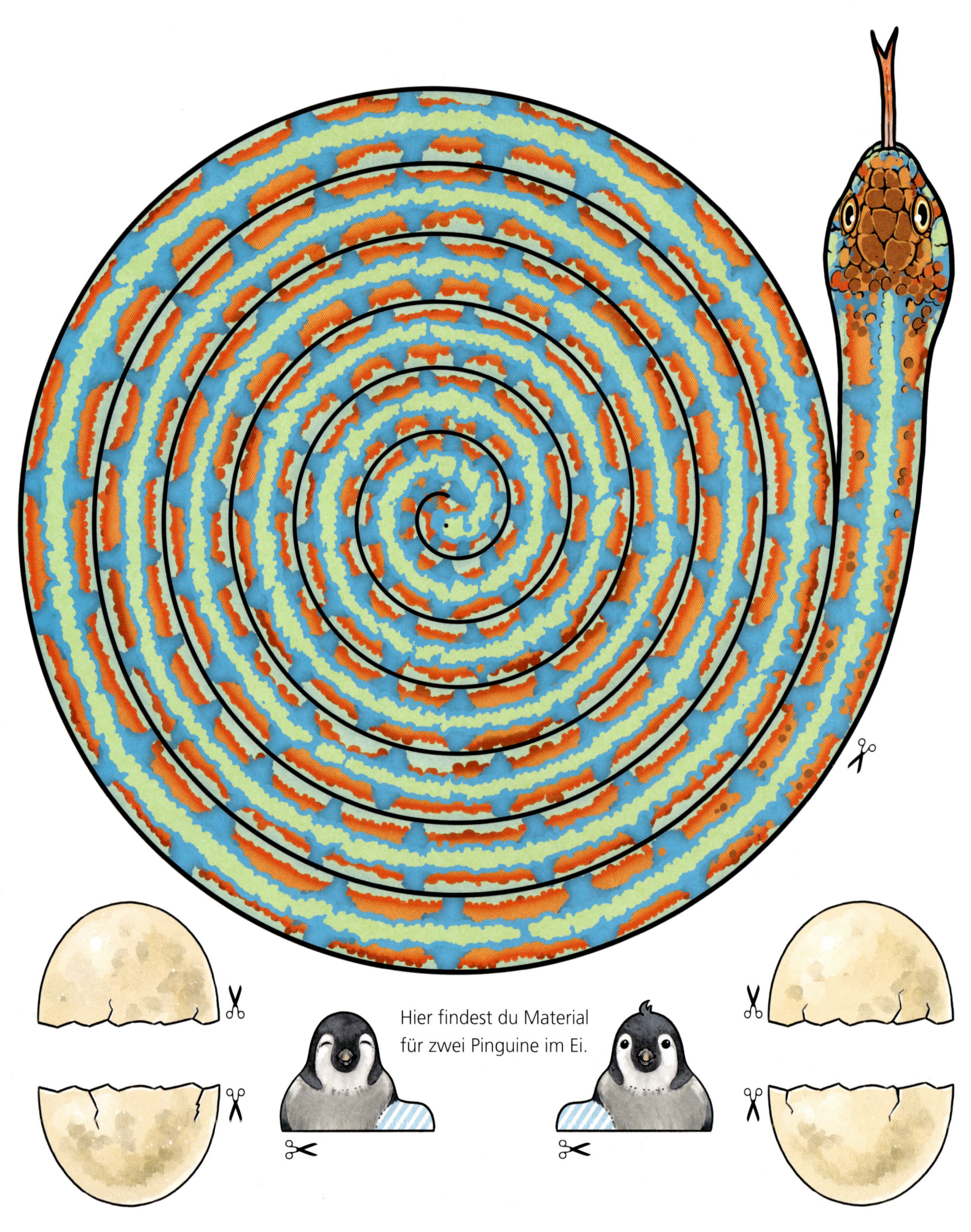

Hier findest du Material
für zwei Pinguine im Ei.

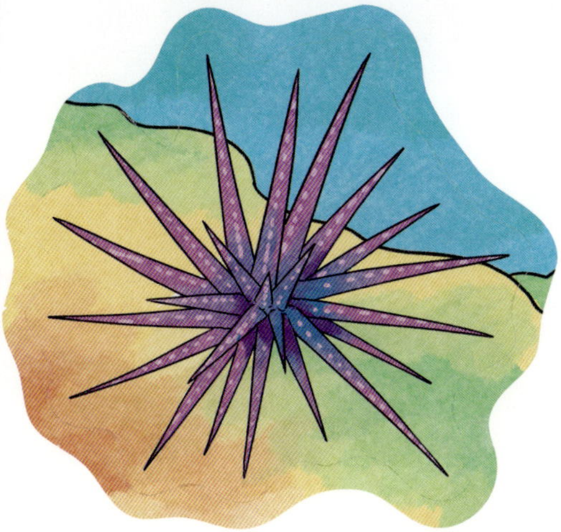

Kreativ-Sticker

Diese Sticker haben keinen festen Platz im Heft. Du kannst sie frei benutzen.

Wer ist im Regenwald zu Hause?

Regenwälder gibt es in Südamerika, Afrika, Australien und Südostasien. Viele Tier- und Pflanzenarten sind in diesen heißen und feuchten Gebieten zu Hause. Häufig sind sie besonders hübsch und farbenfroh, vor allem die Vögel, Blumen und Insekten.

 Im Amazonas-Regenwald in Südamerika leben auch Menschen, zum Beispiel die Yanomami. Hier siehst du zwei Yanomami-Kinder beim Fischen. In das rechte Bild haben sich sechs Fehler eingeschlichen. Kreise sie ein.

 Bastle dir eine bunte Schlange zum Aufhängen.

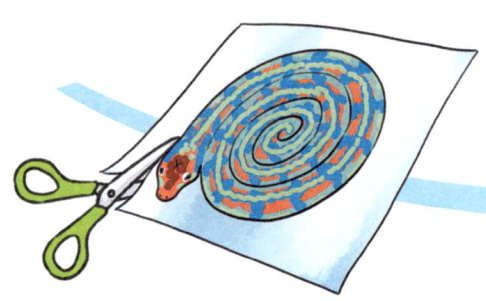

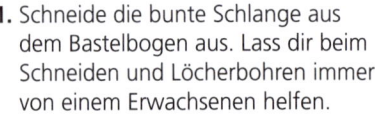

1. Schneide die bunte Schlange aus dem Bastelbogen aus. Lass dir beim Schneiden und Löcherbohren immer von einem Erwachsenen helfen.

2. Wenn du die Schlange als Ganzes ausgeschnitten hast, schneide vorsichtig entlang der dicken schwarzen Linie schneckenförmig bis in die Mitte, damit du die Schlange auseinanderziehen kannst.

3. Bohre vorsichtig mit der Schere ein kleines Loch in die Schwanzspitze der Schlange. Dann kannst du einen Faden durch dieses Loch ziehen und die Schlange aufhängen.

Male das Bild fertig aus.

Wie sieht es im Meer aus?

In den Meeren gibt es viel zu entdecken: Wasserpflanzen, bunte Fische, Seepferdchen und Schildkröten – aber auch elegante Haie und giftige Seeigel. Taucher, die das Meer erforschen, brauchen die richtige Ausrüstung. Damit können sie unter Wasser atmen.

 Wie viele Fische verstecken sich hier? Male sie aus und zähle sie.

 Wer schwimmt hier herum? Verbinde die gleichen Symbole miteinander.

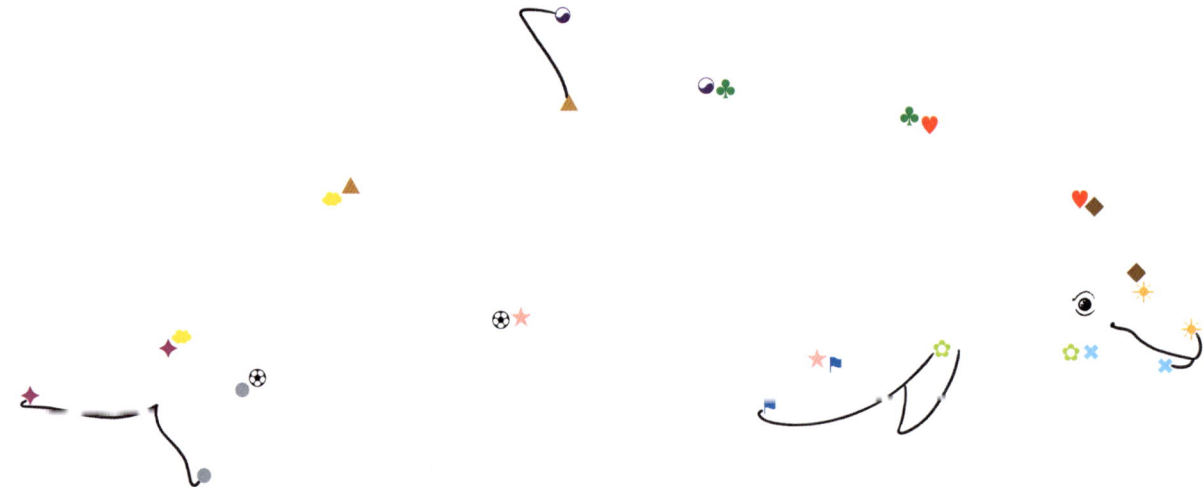

Male das Bild fertig aus.

Was gibt es in den Bergen zu sehen?

Im Laufe von Millionen Jahren sind die Berge auf der Erde entstanden. Sie sind teilweise so hoch, dass oben das ganze Jahr über Schnee liegt. In den Bergen leben Tiere, die sehr gut klettern können und mit der Kälte gut zurechtkommen. Entdeckst du das Murmeltier?

?! **Welche Bergtiere kommen als Nächstes?**
Vervollständige die Reihe mit den richtigen Stickern.

Mach mit!
Sammle vier zueinander passende Karten!

1. Schneide die Karten aus dem Bastelbogen aus. Lass dir dabei von einem Erwachsenen helfen. Misch die Karten. Such dir einen Mitspieler und verteile verdeckt vier Karten an jeden. Der Rest kommt als Stapel in die Mitte.

2. Sammle je vier Karten einer Farbe, die für je einen Lebensraum steht. Bist du an der Reihe, frag deinen Mitspieler nach einer Karte, zum Beispiel: „Hast du etwas aus der Wüste?" Falls ja, muss er dir die Karte geben, falls nicht, zieh eine Karte vom Stapel. Dann ist dein Mitspieler dran.

3. Wenn du vier zusammengehörende Karten hast, ein sogenanntes Quartett, darfst du sie ablegen. Das Spiel endet, wenn ein Spieler keine Karten mehr auf der Hand hat. Wer die meisten Quartette ablegen konnte, gewinnt.

Male das Bild fertig aus.

Wie leben die Kinder in aller Welt?

In allen Ländern auf der Erde leben natürlich auch Kinder. Je nachdem, wo sie wohnen, sieht ihr Leben sehr ähnlich oder ganz anders aus als deins. Denn rund um die Welt gibt es zum Beispiel verschiedene Arten zu essen, zu spielen und sich zu kleiden.

 Welches Essen kommt aus welchem Land? Verbinde die Gerichte mit der jeweils richtigen Flagge.

 Male das Bild fertig aus.

Mach mit!
Spiele „Schlangenfangen" wie die Kinder in Australien.

Ihr solltet mindestens sechs Kinder sein. Alle Kinder bilden eine Schlange: Stellt euch hintereinander und haltet euch jeweils an den Schultern des Vordermanns fest. Das vorderste Kind ist der Kopf und das hinterste der Schwanz der Schlange. Nun versucht der Kopf, den Schwanz zu fangen. Er zieht die anderen Kinder hinter sich her, das hinterste Kind versucht dem Kopf zu entkommen – ohne die anderen loszulassen. Wenn der Schlangenkopf den Schwanz gefangen hat, wechselt das hinterste Kind nach vorne und das Spiel beginnt von Neuem.

Lösungen

Seite 2

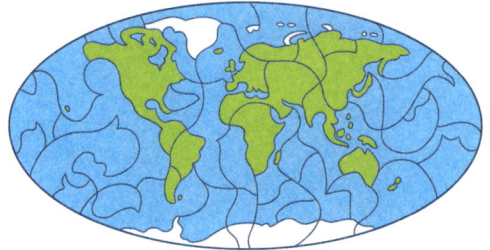

Es ist eine Weltkarte.

Seite 4

Seite 5

Es sind 12 Schmetterlinge.

Seite 6

Seite 8

Seite 10

Seite 12

Seite 14

Es sind 10 Fische.

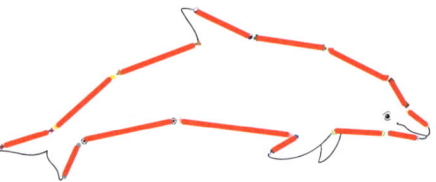

Hier schwimmt ein Delfin.

Seite 16

Seite 18